新新世纪◎编

藏在古文观止里的

那些事儿

7 唐文

新疆生产建设兵团出版社

《古文观止》中的
那些 经 典 语 句

韩 愈　世有伯乐，然后有千里马。千里马常有，而伯乐不常有。

◎《马说》

韩 愈　师者，所以传道受业解惑也。

◎《师说》

韩 愈　言有穷而情不可终。

◎《祭十二郎文》

柳宗元　设未得其当，虽十易之不为病，要于其当，不可使易也，而况以其戏乎！

◎《桐叶封弟辩》

孔　子　苛政猛于虎也。

◎《捕蛇者说》

郭橐驼　其莳也若子，其置也若弃。则其天者全而其性得矣。

◎《种树郭橐驼传》

柳宗元　吾闻劳心者役人，劳力者役于人。

◎《梓人传》

柳宗元　溪虽莫利于世，而善鉴万类。

◎《愚溪诗序》

目 录

◎ 马说 /7

◎ 师说 /10

◎ 祭十二郎文 /16

◎ 桐叶封弟辩 /25

◎ 捕蛇者说 /29

◎ 种树郭橐驼传 /35

◎ 梓人传 /41

◎ 愚溪诗序 /50

唐文

功名半纸涉千山

韩愈

　　韩愈，字退之，河内河阳（今河南孟州市）人。其郡望（某一地域内的名门大族）在昌黎，世称"韩昌黎"。德宗贞元八年（792）中进士，其后任节度推官、监察御史等职。贞元十九年（803），因言关中旱灾，触怒权臣，贬阳山令。宪宗元和元年（806）召拜国子监博士。元和十四年（819），上表谏迎佛骨，贬潮州刺史，后历任国子祭酒、吏部侍郎、京兆尹（zhào yǐn）等职。韩愈是唐代著名的思想家和文学家，一生以弘扬儒家道统、排斥佛老为己任。在文学上，他竭力反对骈（pián）偶体制和浮华文风，提倡效法先秦两汉的古文。他的文章个性强烈，气势逼人，句式参差交错，结构变化开阖（hé），苏轼赞之为"文起八代之衰"。

马　说

世上先是有了伯乐，然后才有了千里马。千里马是经常有的，而伯乐却不是常有的。所以虽有名马在世，也常常是屈辱于庸夫的手中，和普通的马一同死在马厩（jiù）里，不会因为日行千里而著称于世。

千里马，一顿饭可能要吃光一石（dàn）的粮食。喂马的人，不知道它能日行千里，因而不把它当千里马来喂养。这样的千里马，虽有日行千里的能力，却因吃不饱而力量不足，它的能耐和俊美就显露不出来。况且如此情形之下想要让它有与普通的马一样的表现还不能够，又怎能要求它日行千里呢！

驾驭它，不能因其本性而加以驾驭；喂养它，不能满足它发挥神骏本色所需要的食物；听到它鸣叫，不能理解它的意思。却拿着鞭子走到它跟前对着它说："天下没有好马！"唉！难道是真的没有好马吗？还是人们真的不认识好马呢？

原文欣赏

世有伯乐①，然后有千里马。千里马常有，而伯乐不常有。故虽有名马，祇②（zhǐ）辱于奴隶人之手，骈死于槽枥之间③（lì），不以千里称也。

马之千里者，一食或尽粟（sù）一石。食马者不知其能千里而食也。是马也，虽有千里之能，食不饱，力不足，才美不外见④（xiàn），且欲与常马等不可得，安求其能千里也？

策之不以其道，食之不能尽其材，鸣之而不能通其意，执策而临之，曰："天下无马！"呜呼！其真无马邪？其真不知马也！

注释

①伯乐：相传是春秋时秦国人，名孙阳，以善相马著称。②祇：同"衹（只）"，只、仅。③骈死：一起死去。槽枥：马槽。④见：同"现"，显现。

写作技巧

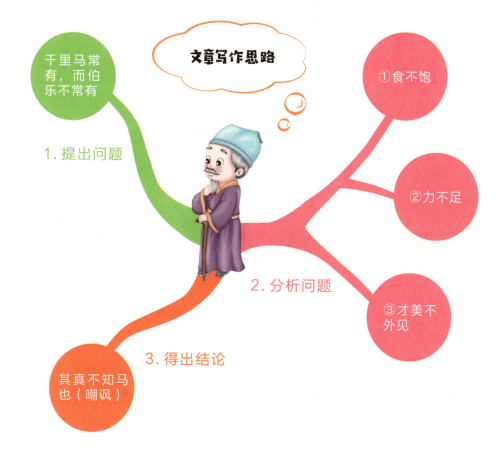

文章写作思路

千里马常有，而伯乐不常有

1. 提出问题

①食不饱

②力不足

2. 分析问题

③才美不外见

3. 得出结论

其真不知马也（嘲讽）

师　说

　　古时候求学的人一定要有老师。老师，是来传授道理、教授学业和解答疑难问题的。人不是生下来就什么都知道的，谁能没有疑难问题呢？有了疑难问题不向老师请教，那些疑难问题就永远不能解决了。出生在我之前的，他懂得道理本来就比我早，我向他学习，拜他为师；出生在我之后的，懂得道理要是也比我早，我也向他学习，拜他为师。我是从师学习道理，何必管他的年纪是比我大还是比我小呢？因此不论高贵与卑贱，年长与年幼，道理在哪里，老师就在哪里。

　　唉！从师的风尚不在世上流传已经很久了！要想使人们没有疑难困惑也很难了。古时候的圣人，他们超出一般人是很多的，尚且还向老师求教；现在的一般人，他们比圣人差得很多了，反而以向老师学习为羞耻。因此圣人越来越圣明，愚人也越来越无知。圣人之所以为圣人，愚人之所以为愚人，原因大概就在这里吧！人们爱护自己的孩子，就选择老师来教他，可是对于自己，却以向老师求教为羞耻，这太糊涂了！那孩子们的老师，是教孩子们读书，教他们如何断句的人，并非我所说的传授道理、教授学业、解答疑难问题的人。读书不能断句，有疑难的问题不能解决，不能断句就向

老师请教，有疑难问题却不向老师请教，小的事情学习了，大的事情反而遗弃了，我看不出他的高明在什么地方。巫医、乐师和各种手工艺人，不以互相学习为羞耻。士大夫这一类的人，一旦有以"老师""弟子"相称的，就聚在一起讥笑人家。问他们为什么笑，他们就说："他跟他年岁差不多呀，懂得的道理也不相上下呀。"以地位低的人为师，就感到羞耻，以官职高的人为师，就认为是谄媚。唉！从师学道的风尚不能恢复的原因，由此可以明白了。巫医、乐师、各种手工艺人这些人，是士大夫们所看不起的，如今士大夫们的才智反而赶不上这些人，真是太奇怪了！

　　圣人并没有固定的老师。孔子曾向郯(tán)子、苌(cháng)弘、师襄、老聃(dān)求教。他们的学问道德并不如孔子。孔子说："三个人一起行走，其中一定有可以做我老师的人。"所以弟子不一定样样不如老师，老师也不一定样样都比弟子高明，懂得道理有早有晚，专业各异，擅长不同，如此而已。

　　李家的孩子名叫蟠(pán)的，十七岁了，喜好古文，对六经的经文和传注都做了全面的研习，他不受当时耻于从师的不良风气影响，跟从我学习。我赞许他能够遵循古人从师学习的做法，因此作了这篇《师说》送给他。

 原文欣赏

　　古之学者必有师。师者，所以传道受^①业解惑也。人非生而知之者，孰能无惑？惑而不从师，其为惑也，终不解矣。生乎吾前，其闻道也固先乎吾，吾从而师之；生乎吾后，其闻道也亦先乎吾，吾从而师之。吾师道也，夫庸^②知其年之先后生于吾乎？是故无贵无贱，无长无少，道之所存，师之所存也。

　　嗟乎！师道之不传也久矣！欲人之无惑也难矣！古之圣人，其出人也远矣，犹且从师而问焉；今之众人，其下圣人也亦远矣，而耻学于师。是故圣益圣，愚益愚。圣人之所以为圣，愚人之所以为愚，其皆出于此乎？爱其子，择师而教之；于其身也，则耻师焉，惑矣。彼童子之师，授之书而习其句读者，非吾所谓传其道解其惑者也。句读之不知，惑之不解，或师焉，或不焉，小学而大遗，吾未见其明也。巫医乐师百工之人，不耻相

师。士大夫之族，曰师曰弟子云者，则群聚而笑之。问之，则曰："彼与彼年相若也，道相似也，位卑则足羞，官盛则近谀_{yú}。"呜呼！师道之不复，可知矣。巫医乐师百工之人，君子不齿，今其智乃反不能及，其可怪也欤_{yú}！

圣人无常师。孔子师郯子、苌弘、师襄、老聃。郯子之徒，其贤不及孔子。孔子曰：三人行，则必有我师。是故弟子不必不如师，师不必贤于弟子，闻道有先后，术业有专攻，如是而已。

李氏子蟠，年十七，好古文，六艺经传皆通习之，不拘于时，学于余。余嘉其能行古道，作《师说》以贻_{yí}③之。

注释

①受：同"授"。②庸：表示反问语气，相当于"岂"。③贻：赠送。

写作技巧

文章写作思路

①从师的必要性

②从师的标准（以谁为师）

1. 从正面论述师道

①"古之圣人"与"今之众人"

②"为子择师"与"己则耻师"

③巫师、乐师、百工不耻从师与士大夫耻于从师

2. 用三组对比批判耻于从师之风

4. 交代作文的缘由

李蟠喜好古文，能行古道，作《师说》送给他

3. 又从正面论述"圣人无常师"

以孔子的言论与实践，说明老师与弟子的关系相对

祭十二郎文

某年某月某日，叔父韩愈在听到你去世消息的第七天，才得以强忍哀痛，倾诉衷肠，派建中从远方备办了应时的佳肴作为祭品，祭告于十二郎的灵前：

唉！我很小的时候就成了孤儿，等到长大，不知道该依靠谁，只有兄嫂能够相依。哥哥才到中年就客死南方，那时我和你都还年幼，跟随嫂嫂把哥哥归葬在河阳。后来又和你到江南谋生，零丁孤苦，不曾有一天分开啊。我上面有三个哥哥，都不幸早逝。能继承先人而作为后嗣的，在孙子辈中只有你，在儿子辈中只有我。子孙两代各剩一人，真是形单影只啊。嫂嫂曾经一手抚着你，一手指着我说："韩家两代人，就只剩你们两个了！"你当时比我更小，应当是不会记得了；我当时虽然能记事了，但并不能明白嫂嫂的话中蕴含着多少的悲凉啊！

……

去年孟东野到你那边去，我捎信给你说："我虽然还不到四十岁，可是视力已经模糊，头发已经斑白，牙齿也有松动的

16

了。想到我的叔伯父兄都是身体强健但却早早地死去，像我这样身体衰弱的人，能活得长久吗？我离不开这里，你又不肯前来，我是深恐有朝一日我撒手人寰^{huán}，你就将陷入无边无际的悲哀啊！"谁知年轻的先死去了而年长的还活着，强健的夭折而病弱的却保全了呢？唉！这是真的呢？还是做梦呢？还是传来的消息不真呢？如果是真的，我哥哥美好的德行反而会使他的儿子夭折吗？你这样纯正聪明却不能承受先人的恩泽吗？年轻的、强健的反而夭折，年长的、衰弱的反而保全，这真是让人不能相信的啊！如果是在做梦，是传来的消息不真实，可是，东野的书信，耿兰的报丧，为什么又在我的身边呢？唉！这是真的啊！我哥哥品行美好而他的儿子却夭折了！你纯正聪明，最适合继承家业，却不能承受先人的恩泽了！这就是所谓的天命实难预测，神旨实难明白呀！所谓的天理没法推究，寿命不能知晓呀！

虽然如此，我自今年以来，斑白的头发已经变成全白了，动摇的牙齿有的已经脱落了，身体愈加衰弱，精神日益衰减，没有多久也要随你同去了！如果你地下有知，那我们的分离又能有多久呢？如果你长眠地下，不再有任何知觉，那我也就悲伤不了多少时日，而不悲伤的日子倒是无穷无尽啊！你的儿子刚十岁，我的儿子刚五岁，年轻而强健的尚不能保全，像这样的小孩子，又能期望他们长大成人吗？唉！实在可悲啊！实在可悲啊！

......

如今我派建中去祭奠你，慰问你的儿子和你的乳母。他们如果有粮食可以守丧到丧期终了，就等到丧满以后再把他们接过来；如果无法守到丧期终了，那我现在就把他们接过来。其余的奴婢，就让他们为你守丧吧。等到我有能力改葬你的时候，一定把你的灵柩迁回到祖先的墓地安葬，这样做了，才算了却我的心愿。唉！你生病我不知道是什么时候，你死了我不知道是哪个日子，健在的时候不能互相照顾、同住一起；你死以后不能抚摸你的遗体来表达我的哀思；入殓的时候不能紧靠你的棺木扶灵，下葬的时候不能亲临你的墓穴。我的德行有负于神灵，因而使你夭折。我对上不能孝顺，对下不能慈爱，因而不能和你互相照顾以为生，相依相守直至死。一个在天涯，一个在地角，活着的时候你的影子不能与我的身形相依，死去之后你的灵魂又不曾来到我的梦中；这实在都是我造成的，还能怨谁呢！茫茫无际的苍天啊，我的悲痛哪里有尽头！

从今以后，我对人世没有什么可留恋的了！应当在伊水、颍水旁边买几顷田，打发我剩余的时光。教育我的儿子和你的儿子，期望他们长大成才；抚养我的女儿和你的女儿，等待她们受聘出嫁。如此而已。唉！话有说尽的时候，而感情却没有终止的地方，你是知道呢？还是什么都不知道了呢？唉！悲哀呀！请享用我的祭品吧！

原文欣赏

　　年、月、日，季父愈闻汝丧之七日，乃能衔哀致诚，使建中远具时羞①之奠，告汝十二郎之灵：

　　呜呼！吾少孤，及长，不省所怙②，惟兄嫂是依。中年，兄殁③南方，吾与汝俱幼，从嫂归葬河阳。既又与汝就食江南，零丁孤苦，未尝一日相离也。吾上有三兄，皆不幸早世，承先人后者，在孙惟汝，在子惟吾，两世一身，形单影只。嫂尝抚汝指吾而言曰："韩氏两世，惟此而已！"汝时尤小，当不复记忆；吾时虽能记忆，亦未知其言之悲也！

　　……

　　吾与汝俱少年，以为虽暂相别，终当久相与处，故舍汝而旅食京师，以求斗斛之禄。诚知其如此，虽万乘之公相，吾不以一日辍汝而就也！

　　去年，孟东野往，吾书与汝曰："吾年未四十，而视茫茫，而发苍苍，而齿牙动摇。念诸父与诸兄，皆康强而早世，如吾之衰者，其能久存乎？吾不可去，汝不肯来，恐旦暮死，而汝抱无涯之戚也。"孰谓少者殁而长者存，强者夭而病者全乎？呜呼！其信然邪？其梦邪？其传之非其真邪？信也，吾兄之盛德而夭其嗣乎？汝之纯明而不克④蒙其泽乎？少者强者而夭殁，长者衰者而存全乎？未可以为信也！梦也，传之非其真也！东野之书，耿兰之报，何为而在吾侧也？呜呼！其信然矣！吾兄之盛德而夭其嗣矣！汝之纯明宜业其家者，不克蒙其泽矣！所谓天者诚难测，而神者诚难明矣！所谓理者不可推，而寿者不可知矣！

虽然，吾自今年来，苍苍者或化而为白矣，动摇者或脱而落矣，毛血日益衰，志气日益微，几何不从汝而死也！死而有知，其几何离？其无知，悲不几时，而不悲者无穷期矣！汝之子始十岁，吾之子始五岁，少而强者不可保，如此孩提者，又可冀其成立邪？呜呼哀哉！呜呼哀哉！

……

今吾使建中祭汝，吊汝之孤与汝之乳母。彼有食可守以待终丧，则待终丧而取以来；如不能守以终丧，则遂取以来。其余奴婢，并令守汝丧。吾力能改葬，终葬汝于先人之兆⑤，然后惟其所愿。呜呼！汝病吾不知时，汝殁吾不知日，生不能相养以共居，殁不能抚汝以尽哀，敛⑥（liàn）不凭其棺，窆⑦（biǎn）不临其穴，吾行负神明，而使汝夭，不孝不慈，而不得与汝相养以

21

生，相守以死。一在天之涯，一在地之角，生而影不与吾形相依，死而魂不与吾梦相接，吾实为之，其又何尤！彼苍者天，曷其有极！

自今以往，吾其无意于人世矣！当求数顷之田于伊、颍之上，以待余年。教吾子与汝子，幸其成；长吾女与汝女，待其嫁。如此而已。呜呼！言有穷而情不可终，汝其知也邪？其不知也邪？呜呼哀哉！尚飨^{xiǎng}⑧。

注释

① 羞：同"馐"，精美的食品。② 省：探望。怙：依靠。③ 殁：死去。④ 克：能。⑤ 兆：墓地。⑥ 敛：同"殓"。⑦ 窆：埋葬。⑧ 飨：祭品。

写作技巧

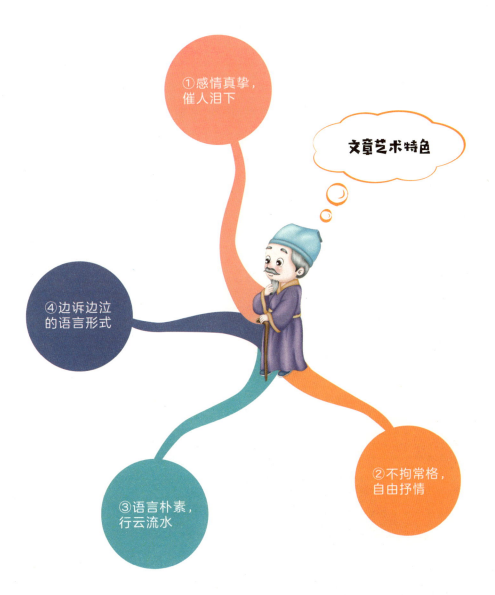

①感情真挚，催人泪下

文章艺术特色

④边诉边泣的语言形式

②不拘常格，自由抒情

③语言朴素，行云流水

柳宗元

　　柳宗元，字子厚，河东解县（今山西运城）人，世称柳河东。贞元九年（793）中进士，贞元十四年（798）考取博学宏词科，先后任校书郎、蓝田县尉和监察御史里行。因参加主张革新政治的王叔文集团而被贬为永州司马。后迁柳州（今属广西）刺史，故又称"柳柳州"。与韩愈皆倡导古文运动，并称"韩柳"，同列入"唐宋八大家"中。有《河东先生集》。

桐叶封弟辩

古代的记事者有这样的说法：周成王拿着一片桐叶和年幼的弟弟叔虞开玩笑，说："拿这个封赏你。"周公跑进来祝贺。成王说："只是个玩笑。"周公说："天子是不可以随便开玩笑的。"于是把唐地封给了这个幼小的弟弟。

我认为事情不当如此。如果成王的弟弟应当得到封地的话，周公就应该及时地向成王进言，不应当等到成王开玩笑的时候才去祝贺和促成这件事；如果不该受封，周公就是成全了一句不恰当的戏言，将土地和人民交给年幼的弟弟去主宰，还能称之为圣人吗？

再说周公只是认为君王说话不能随随便便罢了，有必要一定去顺从促成成王的戏言吗？万一不凑巧，成王拿着桐叶跟妃

25

嬖官宦^{huàn}开玩笑，也打算表示赞同并且完全照办吗？一般说到君王的德行，在于他行事的方向是什么样的。如果行事的方向并不正确恰当，即使更改十次也不为过；务必要使行为得当，得当之后便不再更改，何况桐叶封弟这个行为只是一个玩笑呢？倘若玩笑也一定要奉行，这就成了周公教成王成全自己的过失了。

我认为周公辅佐成王，应当用正确的原则加以引导，让他的休闲娱乐也都能归于正大适中之道就行了，一定不能迎合他的错误并且为他掩饰。也不应当束缚他，驱迫他，使他像牛马一样终日忙碌；催逼得太紧，不免坏事。再说家人父子之间尚且不能用这种方式来加以约束，何况是君主和臣子呢？这不过是庸人和耍小聪明的人干的事，不是周公应当采用的办法，所以是不足相信的。

也有人说："成王封唐地给叔虞这件事，是太史佚^{yì}促成的。"

原文欣赏

古之传者有言：成王①以桐叶与小弱弟，戏曰："以封汝。"周公入贺。王曰："戏也。"周公曰："天子不可戏。"乃封小弱弟于唐。

吾意不然。王之弟当封邪，周公宜以时言于王，不待其戏而贺以成之也；不当封邪，周公乃成其不中之戏，以地以人与小弱弟者为之主，其得为圣乎？且周公以王之言不可苟焉而已，必从而成之邪？设有不幸，王以桐叶戏妇、寺②，亦将举而从之乎？凡王者之德，在行之何若。设未得其当，虽十易之不为病，要于其当，不可使易也，而况以其戏乎！若戏而必行之，是周公教王遂过也。

吾意周公辅成王，宜以道，从容优乐③，要归之大中而已，必不逢其失而为之辞。又不当束缚之，驰骤④之，使若牛马然，急则败矣。且家人父子尚不能以此自克，况号为君臣者邪？是直小丈夫䫏䫏⑤者之事，非周公所宜用，故不可信。

或曰：封唐叔⑥，史佚⑦成之。

注释

①成王：西周武王之子，姓姬，名诵。②寺：宦官。③从容：举止行动。优乐：嬉戏，开玩笑。④驰骤：驱迫。⑤䫏䫏：耍小聪明的样子。⑥唐叔：即叔虞，因封于唐，故名。⑦史佚：西周武王时的史官佚。

写作技巧

文章写作思路

叙述周公促使周成王桐叶封弟的事

1. 引述"古之传者"的话，树立辩驳目标

2. 用"吾意不然"辩驳谬误

①如果应当封赏幼弟，周公应及时进言成王

②如果不应该封赏幼弟，周公将戏言当真就不算是圣人

③针对周公"王之言不可苟"，追问妃嫔与太监

④笔锋反转，由驳而立，推出中心论点

3. 正面辨析非周公所为

①因辅君之道，认为周公不会迎合王意

②周公应懂得"急则败矣"，认为他不会施压成王

③以人之常情做比喻，君臣不会以戏言相互约束

捕蛇者说

　　永州的郊野出产一种奇异的蛇，黑色的身体，白色的斑纹。它碰到草木，草木全要死掉；咬了人，就没有医治的办法。但把它捉了来，风干之后制成药饵，却可以治好麻风、肢体僵硬、脖子肿和癞疮等恶性疾病；还可以消除坏死的肌肉，杀死人体内的寄生虫。起初，太医奉皇帝的命令征集这种蛇，每年征收两次，招募能捕捉它的人，用蛇抵应缴的税赋。永州的老百姓都争着去干这件差事。

　　有个姓蒋的人家，专享这种捕蛇抵税的好处有三代了。我问他，他却说："我爷爷死在捕蛇上，我父亲死在捕蛇上，我接着干这件差事已经十二年了，有好几次险些送了命。"说这话的时候，表情似乎显得很悲伤。

　　我同情他，并且说："你怨恨这件差事吗？我打算告诉主管这事的人，免掉你这件差事，恢复你的赋税，你认为怎么样？"蒋氏听了更显悲苦，眼泪汪汪地说："您想可怜我，让我活下去吗？可我干这件差事的不幸，还不像恢复我缴税的不幸那么厉

害啊。要是我不干这件差事,那早就困苦不堪了。从我家祖孙三代定居在这个村子,算起来,到现在有六十年了。乡邻们的生活一天比一天困苦,他们缴光地里的出产,缴光家里的收入,哭号着四处逃亡,又饥又渴,常常跌倒在地,顶着狂风暴雨,冒着严寒酷暑,吸着有毒疠(lì)的瘴(zhàng)气,常常是死者一个压着一个。从前跟我爷爷住一块儿的,如今这些人家十户中连一户也没有了;跟我父亲住一块儿的,十户中没剩下两三户,跟我一块儿住了十二年的人家中,如今十户中也不到四五户了。不是死光就是逃荒去了。可是我却靠着捕蛇而独自活了下来。凶暴的官吏一到我们村子来,就到处乱闯乱嚷,吓得人们哭天喊地,甚至连鸡狗也不得安宁啊。我提心吊胆地爬起身来,看看那瓦罐子,我的蛇还在里面,这才安心地睡下。我小心地喂养它,到了时候把它交上去。回来后,就可以香甜地吃着我地里出产的东西,来过完我的余年。大约我一年里冒生命危险只有两次,其余的时间却能舒舒坦坦地过日子,哪里像我的邻居们天天都受到死亡的威胁呢!如今即使死在捕蛇上,比起我那些死去的乡邻已经是死得晚的了,又怎么敢怨恨这件差事呢?"

我听了这些话而愈加感到悲痛。孔子说:"横征暴敛比老虎还要凶狠啊。"我曾经怀疑过这句话。现在从蒋氏的遭遇来看,才相信了。唉!谁能想到横征暴敛的毒害比这种毒蛇还要厉害呢!所以我为此事写了这篇《捕蛇者说》,留待那些考察民情的人做参考。

原文欣赏

　　永州①之野产异蛇，黑质而白章，触草木尽死，以啮人，无御之者。然得而腊（xī）之以为饵②，可以已大风、挛踠（luán wǎn）、瘘（lòu）、疠③，去死肌，杀三虫。其始，太医以王命聚之，岁赋其二，募有能捕之者，当其租入。永之人争奔走焉。

　　有蒋氏者，专其利三世矣。问之，则曰："吾祖死于是，吾父死于是，今吾嗣为之十二年，几死者数矣。"言之，貌若甚戚者。

　　余悲之，且曰："若毒之乎？余将告于莅（lì）④事者，更若役，复若赋，则何如？"蒋氏大戚，汪然出涕曰："君将哀而生之乎？则吾斯役之不幸，未若复吾赋不幸之甚也。向吾不为斯役，则久已病矣。自吾氏三世居是乡，积于今六十岁矣，而乡邻之生日蹙（cù），殚（dàn）其地之出，竭其庐之入，号呼而转徙，饥渴而顿踣（bó）⑤，触风雨，犯寒暑，呼嘘毒疠，往往而死者相藉也。曩（nǎng）与吾祖居者，今其室十无一焉；与吾父居者，今其室十无二三焉；与吾居十二年者，今其室十无四五焉，非死则徙尔，而吾以捕蛇独存。悍吏之来吾乡，叫嚣乎东西，隳（huī）突⑥乎南北，哗然而骇者，虽鸡狗不得宁焉。吾恂^{xún}恂⑦而起，视其缶，而吾蛇尚存，则弛然而卧。谨食之，时而献焉。退而甘食其土之有，以尽吾齿。盖一岁之犯死者二焉，其余则熙熙而乐，岂若吾乡邻之旦旦有是哉！今虽死乎此，比吾乡邻之死则已后矣，又安敢毒邪？"

余闻而愈悲。孔子曰："苛政猛于虎也。"吾尝疑乎是，今以蒋氏观之，犹信。呜呼！孰知赋敛之毒，有甚是蛇者乎！故为之说，以俟^{sì}夫观人风者得焉。

注释

① 永州：治所在今湖南零陵。② 腊：风干。饵：药品。③ 挛踠：肢体僵曲。瘘：脖颈肿大的病。疠：恶疮，麻风。④ 莅：管理。⑤ 顿踣：困顿跌倒。⑥ 隳突：破坏，骚扰。⑦ 恂恂：小心谨慎的样子。

33

写作技巧

①蛇的毒性异常大

①冒死捕毒蛇，认为是幸运

文章写作思路

1.重点突出永州之蛇的特点

②蛇的功用异常丰富

②如果恢复赋税，反而认为是极大灾难

2.捕蛇者自述悲惨遭遇

③用毒蛇之毒衬托赋税之毒

3.作者听完蒋氏的话，深受震动

①引用孔子名言"苛政猛于虎也"

②突出苛政残酷，社会黑暗

种树郭橐驼传

郭橐^{tuó}驼，不知道他原名叫什么。他患有佝偻^{gōu lóu}病，整天驼着背，脸朝着地行走，就像骆驼一样，所以乡里人叫他"驼"。橐驼听到后说："很不错，用这个名字称呼我很恰当。"因此他竟然放弃了原名，也自称起"橐驼"来。他的家乡叫丰乐乡，在长安城西边。郭橐驼以种树为生，凡是长安那些栽种树木以供玩赏的豪富人家，以及那些种植果树靠卖水果为生的人，都争着把他接到家里去供养。平日里看那橐驼所种的树，即使是移植的，也没有不成活的，而且长得高大茂盛，果实往往结得又早又多。别的种树人虽然暗中观察模仿，也没有谁能比得上他的。

有人问他其中的奥秘，他回答说："橐驼并不能使树木活得长久和旺盛繁殖，只是能顺应树木的天性，让它按照自己的本性生长罢了。树木的本性是：它需要根能得以舒展，它需要培土均匀，它喜欢已经习惯了的土壤，四周的土要捣结实。这样做了之后，就不要再去动它，也不必去为它操心，种好后可以连头也不回地离开。栽种时要像抚育子女一样细心，种完后要

像把它丢弃了一样不再照看。这样它的天性才能得以保全，它也会按照自己的本性健康成长。所以我只不过是不妨害它生长罢了，并不是能使它长得高大茂盛；只不过是不抑制延缓它果实的生长罢了，并不是能使它的果实结得又早又多。别的种树人就不是这样，他们种树时没有让树根得以伸展，又让它离开了已经习惯了的土壤。他们培土，不是土多了就是土不够。如果有能不同于这样种植的，则又爱护得过分，总是想着它，早晨去看看，晚上去摸摸，离开之后又跑来看一下。更有甚者竟然抓破树皮来验查它是死是活，摇动根株来观察栽得是松是紧；这样的话，树木就会一天天地偏离它生长的本性了。这些人虽说是爱它，其实是害它；虽说是担心它，其实是与它为敌。所以他们种树都比不上我，其实我又有什么特殊能耐呢？"

问的人说："把你种树的道理，转用到做官治理百姓上，可以吗？"橐驼说："我只知道种树而已，做官治理百姓不是我的职业。但是我住在乡里的时候，看见那些当官的喜好颁布繁多琐碎的命令，好像很怜惜老百姓，结果却给百姓带来灾祸。早晚都有差役跑来大喊：'长官命令，催促你们耕地，鼓励你们种植，督促你们收割，早些缫你们的丝，早些织你们的布，抚养好你们的小孩，喂大你们的鸡和猪。'时不时地敲起鼓将大家聚到一起，打着梆子将大家招来。我们这些小老百姓，就算晚饭和早饭都不吃而去招待那些差役都忙不过来，又怎能使我们人丁兴旺，生活安定呢？所以我们是如此贫困而且疲惫。这些与我所从事的职业有一些相似之处吧？"

问的人说："这不是很好吗！我问种树，却得到了治理百姓的方法。"于是，我把这件事记载下来，作为官吏们的鉴戒。

原文欣赏

　　郭橐驼[①]，不知始何名。病偻，隆然伏行，有类橐驼者，故乡人号之"驼"。驼闻之曰："甚善。名我固当。"因舍其名，亦自谓"橐驼"云。

　　其乡曰丰乐乡，在长安西。驼业种树，凡长安豪富人为观游及卖果者，皆争迎取养。视驼所种树，或移徙，无不活；且硕茂，早实以蕃。他植者虽窥伺效慕，莫能如也。

　　有问之，对曰："橐驼非能使木寿且孳也，能顺木之天[②]，以致[③]其性焉尔。凡植木之性，其本欲舒，其培欲平，其土欲故，其筑欲密。既然已，勿动勿虑，去不复顾。其莳[④]也若子，其置也若弃，则其天者全而其性得矣。故吾不害其长而已，非有能硕茂之也；不抑耗其实而已，非有能早而蕃之也。他植者则不然。根拳而土易，其培之也，若不过焉则不及。

苟有能反是者，则又爱之太恩，忧之太勤。旦视而暮抚，已去而复顾。甚者，爪其肤以验其生枯，摇其本以观其疏密，而木之性日以离矣。虽曰爱之，其实害之；虽曰忧之，其实仇之；故不我若也。吾又何能为哉！"

问者曰："以子之道，移之官理，可乎？"驼曰："我知种树而已，理，非吾业也。然吾居乡，见长人者好烦其令，若甚怜焉，而卒以祸。旦暮吏来而呼曰：'官命促尔耕，勖⑤尔植，督尔获，早缲⑥而绪，早织而缕，字⑦而幼孩，遂⑧而鸡豚。'鸣鼓而聚之，击木而召之。吾小人辍飧饔以劳吏者⑨，且不得暇，又何以蕃吾生而安吾性耶？故病且怠。若是，则与吾业者其亦有类乎？"

问者曰："嘻，不亦善夫！吾问养树，得养人术。"传其事以为官戒也。

注释

①橐驼：即骆驼。②天：天性。③致：使达到。④莳：种，栽。⑤勖：勉励。⑥缲：抽茧出丝。⑦字：养育。⑧遂：养好。⑨辍：停止。飧：晚饭。饔：早饭。

写作技巧

文章写作思路

①不知道原名叫什么，患有佝偻病，驼背

1. 说明郭橐驼的身世及性格特点

②性格随遇而安，顺其自然

①从正反两面来说明

2. 说明种树的道理

②强调种树要"随木之天，以致其性"

①借种树的道理写做官治理百姓的方法

3. 以"官理"引入正题

②做官治理百姓的方法在于顺其自然，不要用繁重的政令打扰百姓

梓人传

　　^{péi}裴封叔的宅第在长安光德里。一天，有个木匠来敲他的门，希望租几间空屋居住。这位木匠随身携带着量尺、规矩、绳墨，居室中却不存放磨砺、砍削的工具。我问他有什么能耐，他说："我善于估算木材，审察房屋的规模，根据房屋高深、圆方、短长的具体情况，来指使工匠们干活。没有我，人再多也盖不出来一间房子。所以如果是替官府干活儿，我的工钱是一般工匠的三倍；如果是替私人干活儿，我就要领取工钱的一大半儿。"一次，我走进他的房中，见他的床缺了脚，他自己却不能修理，说什么要请另外的工匠来修。我觉得他十分可笑，认为他是个没有能耐却贪图财物的人。

　　后来，京兆尹准备要整修官署，我前去观看。只见那里堆积了许多木材，聚集了很多工匠。有的拿着斧头，有的拿着刀锯，都围着那个木匠站着。那木匠左手拿着尺，右手拿着杖，站在人群中间。他估量着房屋的规模，掂量着木材的承受能力，然后将手中的杖一挥，说："斧子！"那些拿斧的工匠便跑到右

边去砍。又回头指着左边说："锯！"那些拿锯的人便跑到左边去锯。一会儿，拿斧头的工匠砍起来，拿刀的削起来，都看着他的眼色，等待着他的吩咐，没有敢自作主张的。其中那些不能胜任的工匠，他便发着脾气将他们撤下了，也没有谁敢表露不满和怨恨。他在墙上画出的房屋的设计图，图不过一尺见方却能周详地表现出房屋的规模，在他的精细计算下大厦建成完工，各部位紧凑结合，竟没有半点儿出入。官署修成后，他在屋梁上写上"某年某月某日某建"，署名是自己，而那些干活的工匠都不列名。我吃惊得瞪大了眼睛，这才懂得他的技术是多么精深高超。

接着我又感叹地说：那个木匠大概是一个舍弃具体手艺，致力于发挥自己心智，因而能够掌握事物关键的人吧？我听说劳心者使唤别人，劳力者被人使唤。那个木匠应该是个劳心者吧？有能耐的人得到重用，有智慧的人参与谋划，那个木匠应该是个有智慧的人吧！这足可以为辅佐天子治理国家的人效法了，再没有比这更相似的事情了。

治理国家在于以人为根本。那些从事具体工作的人，是徒隶，是乡师、里胥，他们的上面是下士，下士上面是中士、上士，再往上是大夫，是公，是卿。大略上可以分为六种职别，又可以细分为各种差事。国都以外，直到四方边境，有方伯、连率这样的封疆大吏。每个郡有郡守，每个县有县令，而且都有副手辅佐行政。下面有胥吏，再往下还有啬夫、版尹来担当职役，就像工匠们各怀技能，靠劳力而吃饭一样。那些辅佐天子治理天下的人，提拔任用他们，指挥役使他们，制定治理国家的纲要并且加以调整，规范法制而加以整顿。这就像那位木匠有规矩、绳墨来确定规模一样。选择天下的人才，使他们各司其职；安顿天下的百姓，使他们安居乐业。看了京城便能了解乡村的情况，看了乡村便能了解封地的情况，看了封地便能了解全国的情况。至于远处、近处，小事、大事，都可以凭借手中的地图推究出来，就好像那位木匠在墙上绘制房屋图样而后按图使工程完工一样。举荐有才能的人并且任用他们，不要

使他们感激谁的恩德；斥退没有才能的人，让他们离开职位，也没有谁会怨恨。不炫耀自己的才能，不夸大自己的名声，不亲自去干各种琐碎的事情，不干涉各级官员的职权，每天与天下的杰出人士讨论国事政策；就像那个木匠善于指挥各种工匠而不夸耀自己的技能一样。这样做，就符合宰相的职责，整个国家也就得到了治理。

符合了宰相的职责，国家得到了治理之后，全国人都会抬头仰望说："这便是我们宰相的功劳啊！"后世人遵循他的业绩而满怀仰慕之情地说："这都是因为那个宰相的才能啊！"现在的士人有时谈起殷、周之治的时候，一定要称赞伊尹、傅说、周公、召公；而那些从事各种具体事务的官员虽然勤劳，却不能被记载下来。这就像那位木匠在屋梁上写下自己的姓名，而那些干活的工匠却不能列名一样。伟大啊！宰相。通晓这些道理的，便是大家说的宰相了。

那些不懂得事物的要领根本的人与此相反。他们将谨慎恭顺、勤勤恳恳当作要务，把处理公文当作万事之首。炫耀自己的能力，夸大自己的声名，亲自去处理琐碎的事务，干涉各级官员的职权，暗自包揽各种繁杂差事，在殿堂之上与人争辩不休，却将国家的长远大计放在了一边；这便是不通晓为相之道的人啊。就像木匠不知绳墨的曲直、规矩的方圆、寻引的短长，胡乱地夺过工匠们的斧头、刀锯来帮他们干活，但又不能完成他们的工作，以至于将事情弄糟，因而没有什么成就；这岂不是荒谬吗？

　　有人说："如果那主管房屋建造的人，倘若想实行他自己的想法，牵制那木匠的计划，舍弃历代相传的经验，却采用过路人的意见，致使房屋不能建成，这难道是木匠的过失吗？成功与否，不过在主管建房的人是否信任那木匠罢了。"我说："不能这样说。"如果绳墨、规矩已经确定，应该高的地方就不能压低，应该窄的地方就不能拓宽。按照我的意见办，房屋就能坚固；不按照我的意见办，房屋就会倒塌。如果那个主事的人甘心放弃坚固而选择倒塌，那木匠就应该收起自己的技术，藏起自己的智慧，远远地离开，坚持自己的主张而不屈从。这才是个真正的好木匠啊。如果他贪图财物，一味忍让而不离去，那就丧失了原则，是屈从而不能坚持自己的职守啊。到了栋梁折断、房屋倒塌的时候，却说："不是我的过错。"这是可以的吗？这是可以的吗？

　　我认为那木匠营造房屋的方法与做宰相的方法有相似之处，所以写了这篇文章保存起来。那位木匠大概就是古代审察各种材料的曲直和形状的人。现在称之为"都（dū）料匠"。我遇到的那位木匠姓杨，名潜。

原文欣赏

裴封叔之第①，在光德里。有梓人②款其门，愿佣隙宇③而处焉。所职寻引、规矩、绳墨，家不居砻斫之器④。问其能，曰："吾善度材，视栋宇之制，高深、圆方、短长之宜，吾指使而群工役焉。舍我，众莫能就一宇。故食于官府，吾受禄三倍；作于私家，吾收其直大半焉。"他日，入其室，其床阙足而不能理，曰："将求他工。"余甚笑之，谓其无能而贪禄嗜货者。

其后，京兆尹将饰官署，余往过焉。委⑤群材，会众工。或执斧斤，或执刀锯，皆环立向之。梓人左持引，右执杖，而中处焉。量栋宇之任⑥，视木之能，举挥其杖曰："斧！"彼执斧者奔而右；顾而指曰："锯！"彼执锯者趋而左。俄而斤者斫，刀者削，皆视其色，俟其言，莫敢自断者。其不胜任者，怒而退之，亦莫敢愠焉。画宫于堵，盈尺而曲尽其制，计其毫厘而构大厦，无进退焉。既成，书于上栋曰："某年某月某日某建"，则其姓字也。凡执用之工不在列。余圜视⑦大骇，然后知其术之工大矣。

继而叹曰：彼将舍其手艺，专其心智，而能知体要者欤？吾闻劳心者役人，劳力者役于人。彼其劳心者欤？能者用而智者谋，彼其智者欤？是足为佐天子相天下法矣！物莫近乎此也。彼为天下者本于人。其执役者，为徒隶、为乡师、里胥；其上为下士，又其上为中士、为上士；又其上为大夫、为卿、为公。离而为六职，判⑧而为百役。外薄⑨（pò）四海，有方伯、连率。郡有守，邑有宰，皆有佐政。其下有胥吏，又其下皆有啬夫、版尹，以就役焉，犹众工之各有执技以食力也。彼佐天子相天下者，举而加焉，指而使焉，条其纲纪而盈缩焉，齐其法制而整顿焉，犹梓人之有规矩、绳墨以定制也。择天下之士，使称其职；居天下之人，使安其业。视都知野，视野知国，视国知天下，其远迩细大，可手据其图而究焉，犹梓人画宫于堵而绩于成也。能者进而由之，使无所德；不能者退而休之，亦莫敢愠。不衒（xuàn）能，不矜名，不亲小劳，不侵众官，日与天下之英才讨论其大经，犹梓人之善运众工而不伐艺也。夫然后相道得而万国理矣。相道既得，万国既理，天下举首而望曰："吾相之功也。"后之人循迹而慕曰："彼相之才也。"士或谈殷周之理者，曰伊、傅、周、召，其百执事之勤劳而不得纪焉，犹梓人自名其功而执用者不列也。大哉相乎！通是道者，所谓相而已矣。其不知体要者反此。以恪勤为公，以簿书为尊，衒能矜名。亲小劳，侵众官，窃取六职百役之事，听听⑩（yín）于府庭，而遗其大者、远者焉，所谓不通是道者也。犹梓人而不知绳墨之曲直、规矩之方圆、寻引之短长，姑夺众工之斧斤刀锯以佐其艺，又不能备其工，以至败绩，用而无所成也。不亦谬欤？

　　或曰："彼主为室者，傥或发其私智，牵制梓人之虑，夺其世守而道谋是用，虽不能成功，岂其罪邪？亦在任之而已。"余曰："不然。夫绳墨诚陈，规矩诚设，高者不可抑而下也，狭者不可张而广也。由我则固，不由我则圮^⑪。彼将乐去固而就圮也，则卷其术，默其智，悠尔而去，不屈吾道，是诚良梓人耳。其或嗜其货利，忍而不能舍也，丧其制量，屈而不能守也，栋桡^⑫屋坏，则曰：'非我罪也。'可乎哉？可乎哉？"

　　余谓梓人之道类于相，故书而藏之。梓人，盖古之审曲面势者，今谓之"都料匠"云。余所遇者，杨氏，潜其名。

注释

①第：府第，房所。②梓人：木匠。③隙宇：空闲的房子。④砻：磨砺用的工具。斫：削。⑤委：堆积。⑥任：规模。⑦圜视：瞪圆了眼睛看。⑧判：细分。⑨薄：同"迫"。⑩听听：同"龂龂"（yín），争辩的样子。⑪圮：倒塌。⑫桡：弯曲变形。

写作技巧

看言行知人物

自信

① "舍我，众莫能就一宇"

1. 语言描写

② "斧""锯"

干练和大将风范

2. 动作描写

③ "顾而指"

① "左持引，右执杖"

② "举挥其杖"

愚溪诗序

　　灌水的北面有一条小溪，向东流入潇水。有人说："曾经有位姓冉的人在这儿住过。所以把这条溪称为冉溪。"又有人说："这溪水可以用来染色，依据它的功用来命名，所以称它为染溪。"我因为愚昧无知而获罪，被贬谪到潇水边来，喜爱上了这条溪水，沿着溪水上溯两三里，发现了一个风景极佳的地方，就在这里安了家。古时候有个愚公谷，如今我在这条溪旁安家，而溪水的名字到现在还没有确定下来，当地居民还在为此争论不休；看来不能不给它改个名字了，我因此改称它愚溪。

　　我在愚溪的上游买下一个小山丘，我把它叫作愚丘。从愚丘向东北行走六十步，寻得了一处泉水，我又将它买了下来，把它叫作愚泉。愚泉总共有六个泉眼，都分布在山丘下面的平地上，原来泉水都是从这里向上涌出的。几支泉水汇合后便弯弯曲曲地往南流走，形成了一条水沟，我叫它愚沟。于是挑来泥土，堆起石块，把溪流狭窄的地方堵塞起来，积成水池，叫

它愚池。愚池的东边是愚堂，南面有愚亭，水池中央的是愚岛。
秀美的树木和奇异的石头重叠错落，这些都是山水中不可多得
的景致，因为我的缘故，它们都被"愚"字所玷辱了。

流水，是聪明的人所喜爱的。现在这条溪水却独独被"愚"字所辱没，这是为什么呢？原来是它的水位很低，不能用来灌溉；又因为它水流湍急，多有浅滩和石头，大船开不进来。它地处偏僻，水浅而溪狭，蛟龙不屑居住在这里，因为溪水不足以让它兴云作雨。这溪水对世人没有什么益处可言，这恰好和我相似，所以虽然玷辱了它，以"愚"字为它冠名，也是可以的。

　　宁武子"在国家政治昏乱的时候，便显得很愚笨"。那是聪明人装作愚人。颜回"整天不发表不同的见解，好像很愚蠢"，那是通达的人貌似愚钝。他们都不是真的愚蠢。我如今遇上清明的时代，立身行事却有违事理，所以愚人中再没有像我这样愚蠢的了。正因为如此，所以天下的人谁也不能和我争这条溪水，我是可以专断地给它命名的。

　　愚溪虽然对世人没有什么用处，但它善于映照万物，它又是如此的晶莹透彻，能发出金石般悦耳的声响。它能使愚人心情愉快，笑口常开；让他们爱慕它、眷恋它以至于不能离去。我虽然不能与世俗合流，平素也还能书写文章来安慰自己；刻画各种事物，捕捉它们的千姿百态而不用回避些什么。我用愚笨的文辞来歌颂愚溪，就会感到茫然自失而不觉有违事理，昏昏然之间又好像与它同归一处，超越了鸿蒙，融入一片寂静当中，在寂寥间达到了忘我的境界。于是我写了《八愚诗》，记在溪边的石头上。

原文欣赏

　　灌水①之阳有溪焉，东流入于潇水②。或曰："冉氏尝居也，故姓是溪为冉溪。"或曰："可以染也，名之以其能，故谓之染溪。"余以愚触罪，谪潇水上。爱是溪，入二三里，得其尤绝者家焉。古有愚公谷，今余家是溪，而名莫能定，土之居者犹龂龂③然，不可以不更也，故更之为"愚溪"。

　　愚溪之上，买小丘，为愚丘。自愚丘东北行六十步，得泉焉，又买居之，为愚泉。愚泉凡六穴，皆出山下平地，盖上出也。合流屈曲而南，为愚沟。遂负土累石，塞其隘^{ài}，为愚池。愚池之东为愚堂，其南为愚亭，池之中为愚岛。嘉木异石错置，皆山水之奇者，以余故，咸以"愚"辱焉。

　　夫水，智者乐也。今是溪独见辱于"愚"，何哉？盖其流甚下，不可以灌溉；又峻急，多坻^{chí}④石，大舟不可入也；幽邃浅狭，蛟龙不屑，不能兴云雨。无以利世，而适类于余，然则虽辱而愚之，可也。

　　宁武子"邦无道则愚"，智而为愚者也；颜子⑤"终日不违如愚"，睿而为愚者也。皆不得为真愚。今余遭有道，而违于理，悖于事，故凡为愚者莫我若也夫。然则天下莫能争是溪，余得专而名焉。

　　溪虽莫利于世，而善鉴万类，清莹秀澈，锵^{qiāng}鸣金石⑥，能使愚者喜笑眷慕，乐而不能去也。余虽不合于俗，亦颇以文墨自慰，漱涤万物，牢笼百态，而无所避之。以愚辞歌愚溪，则茫然而不违，昏然而同归，超鸿蒙⑦，混希夷⑧，寂寥而莫我知也。于是作《八愚诗》，记于溪石上。

注释

　　①灌水：湘江支流，在今广西东北部。②潇水：湘江支流，源出今湖南道县的潇山。它与灌水同在永州境内。③龂龂：争辩的样子。④坻：水中小洲。⑤颜子：即颜回，孔子的得意门生。⑥锵鸣金石：指水能发出金石般的响声。⑦鸿蒙：指宇宙形成前的混沌状态。⑧希夷：形容一种无声无色、虚寂微妙的境界。

写作技巧

① 第一段交代溪水的地形方位

看言行知人物

② 第二段叙出"八愚"，紧扣文题

⑤ 最后一段将溪水和自己合而为一叙述，抒发人事感慨

③ 第三段说出"独见辱于愚"的原因，愤慨自己的才能被压抑

④ 第四段举宁武子、颜回的例子衬托自己愚，正话反说

图书在版编目（CIP）数据

藏在古文观止里的那些事儿：思维导图彩绘版.⑦,
唐文 / 新新世纪编 . -- 五家渠：新疆生产建设兵团出
版社 , 2022.3

ISBN 978-7-5574-1782-6

Ⅰ.①藏… Ⅱ.①新… Ⅲ.①古典散文－散文集－中
国②《古文观止》－青少年读物 Ⅳ.① H194.1-49

中国版本图书馆 CIP 数据核字（2022）第 032737 号

责任编辑 : 吴秋明

藏在古文观止里的那些事儿：思维导图彩绘版 . ⑦ , 唐文

出版发行	新疆生产建设兵团出版社	
地　址	新疆五家渠市迎宾路 619 号	
邮　编	831300	
电　话	0994-5677185	
发　行	0994-5677116	
传　真	0994-5677519	
印　刷	三河市双升印务有限公司	
开　本	710 毫米 ×1000 毫米　1/16	
印　张	35	
字　数	30 千字	
版　次	2022 年 3 月第 1 版	
印　次	2022 年 4 月第 1 次印刷	
书　号	ISBN 978-7-5574-1782-6	
定　价	198.00 元	